APPEL

AUX

PRINCIPES,

OU

Observations présentées à la Chambre des PAIRS, sur la nécessité de réformer le Projet de Loi relatif aux biens non vendus des Émigrés ;

Par M. S. L.

La justice imparfaite est encor l'injustice.

DELILLE.

A PARIS,

Chez NOUZOU, Imprimeur-Libraire, rue de Cléry, N°. 9,

et chez les Marchands de Nouveautés.

Novembre 1814.

OBSERVATIONS

SUR

LE PROJET DE LOI

Relatif aux Biens non vendus des Émigrés.

LE projet de loi relatif à la restitution des biens non vendus des émigrés a été adopté après une longue discussion, et sauf quelques amendemens, par la Chambre des Députés. Les principales dispositions qu'il contenait ont été conservées ; et si le projet présenté par les Ministres de S. M. a éprouvé quelques changemens, on retrouve toujours dans celui de la Chambre l'esprit qui a présidé à la rédaction primitive.

Ainsi l'on ne peut aujourd'hui attaquer, sans quelque désavantage devant la Chambre des Pairs, ce projet de loi dans plusieurs de ses dispositions , quand il a déjà reçu l'attache de deux parties de la puissance législative.

Mais les sentimens qne la chambre des Pairs a manifestés dans une discussion encore récente , donne lieu d'espérer qu'elle accueillera favorablement des observations que le respect des principes et du droit de propriété, que l'amour de l'ordre et de la tranquillité publique , ont seuls dictées.

Ces observations embrasseront deux dispositions essentielles de la loi.

L'une est relative à l'article premier et s'appliquera à la substitution faite à la fin de cet article de ces mots : *ou des actes du Gouvernement relatifs à l'émigration,* à la place de ceux-ci : *ou des condamnations abolies par l'article premier de notre Ordonnance du* 21 *août* 1814.

On examinera dans quel esprit a été faite la première rédaction , les motifs qui ont déterminé la Chambre à adopter la substitution proposée , et les conséquences importantes de cette altération du texte primitif du projet de loi.

L'autre s'appliquera à toutes les stipulations de l'article X, ordonnant la remise partielle des actions des canaux de navigation.

On s'attachera à prouver que ces stipulalations ne peuvent être maintenues par la Chambre des Pairs, qu'elles froissent tous les principes, qu'elles sont en contradiction avec d'autres dispositions du projet de loi, et qu'il est possible d'adopter une mesure qui concilie mieux le droit de propriété avec les intérêts des tiers.

PREMIÈRE PARTIE.

Observations sur l'article premier.

La rédaction de l'article premier du projet présenté au nom du Roi, portait :

« Sont maintenus et sortiront leur plein
» et entier effet, soit envers l'État, soit en-
» vers les tiers, tous jugemens et décisions
» rendus, tous actes passés, tous droits ac-
» quis avant la publication de la charte cons-
» titutionnelle, et qui seraient fondés sur des
» lois ou des condamnations abolies par

» l'article premier de notre Ordonnance du
» 21 août 1814. »

La Commission de la Chambre des Députés a proposé, par l'organe de M. Bédoch, rapporteur, de remplacer le dernier membre de phrase qui termine l'article par celui-ci : *ou des actes du Gouvernement relatifs à l'émigration.*

Cette substitution a été adoptée par la Chambre.

En comparant les deux rédactions, il est facile de se convaincre que l'intention de S. M. a été d'imprimer à toutes les aliénations de domaines nationaux *légalement faites* le caractère d'irrévocabilité promise par la déclaration de Saint-Ouen, et consacrée par les dispositions de la charte constitutionnelle, mais que la pensée du Monarque n'a pas été jusqu'à vouloir reconnaître et sanctionner les actes de spoliation faits par le gouvernement impérial, sous couleur de restitution , ces actes à l'aide desquels des gendres et des fils ont été investis de la propriété d'immeubles confisqués sur leurs pères, sans autre titre que la volonté de Buonaparte , sans autre droit que leur servile dévouement.

C'est par l'effet de ces actes monstrueux que des familles anciennes , la fleur de la noblesse , l'honneur et le soutien du trône de nos Rois , ont été dépouillées de l'héritage de leurs pères.

C'est à la faveur de DÉCRETS IMPÉRIAUX , tristes monumens du pouvoir absolu , de ces *firmans* de Buonaparte, que des favoris sont entrés de vive force dans d'illustres maisons , ont contracté de hautes alliances , et ont rassemblé sur leurs têtes le patrimoine et les espérances des chefs de ces familles , à l'affection desquels ils n'ont pas toujours daigné mettre un prix.

C'est à la faveur de ces mêmes décrets , que des fils ont recueilli la succession des pères vivans , à l'exclusion des autres successibles qui , fidèles au Souverain légitime , n'avaient point voulu donner de gages à l'usurpateur (1).

---

(1) Les familles dépouillées par les mesures arbitraires

La Chambre des Députés a cru devoir aller plus loin que le Monarque.

Elle a entendu sanctionner les actes que nous attaquons ici , par l'addition qu'elle a faite enfin de l'article premier de ces mots:

---

que je signale ici sont en petit nombre ; et dans presque toutes, il a été fait des transactions qui ont remis les choses en leur premier état. Un général, dont le nom se rattache à celui de l'ex-empereur, s'était allié à l'une de ces familles, et avait reçu pour dot *la restitution à son profit* des domaines confisqués sur cette même famille; il n'a pas attendu que les dispositions de la loi et les demandes de ses alliés le forçassent à un rapport, il l'a offert avec noblesse et désintéressement, et a prévenu, par une transaction équitable, l'éclat et le scandale de poursuites judiciaires.

Une telle conduite honore singulièrement le caractère français.

C'est avec regret qu'on place ici en opposition celle d'un officier général, fils d'un Pair de France ,. que la faveur de l'ex-empereur et la protection de Joachim Murat ont investi, depuis 1807, de tout le patrimoine de sa famille. Il laisse son frère aîné dans le dénuement le plus absolu, quand ce frère est appelé, par le droit de sa naissance et les stipulations de son contrat de mariage, à jouir de l'apanage indûment recueilli par le fils puîné.

ou des Actes du Gouvernement relatifs à l'émigration.

Ce n'est pas sans étonnement qu'on a vu les Membres de la Représentation nationale qui, par la nature de leurs attributions, doivent se montrer, plus qu'aucune autre autorité, véritables conservateurs des principes et du droit de propriété, qu'on les a vus, disons-nous, consacrer et légitimer ces actes, injustes dans leur essence, dangereux dans leurs effets, et dont aucune disposition de la loi ne peut légaliser l'existence.

En effet, si l'on veut examiner, non-seulement sous le rapport de la morale, mais encore sous celui du droit public, la validité de ces mêmes actes, on se demandera à quels titres et comment le Chef du Gouvernement français pouvait disposer gratuitement d'immeubles réunis par la voie de confiscation au domaine de l'État.

Si l'on discute la question d'après les anciens principes qui régissaient la monarchie, on reconnaîtra que le Roi pouvait autrefois disposer, au profit de quelqu'un de ses sujets, des biens confisqués , et ce par un acte qu'on appelait *Don de confiscation.*

Ce don n'était pas considéré comme une véritable aliénation du domaine de la couronne, par la raison que les confiscations tombaient dans le domaine casuel , et que les rois pouvaient disposer par donations ou ventes de tout ce qui faisait partie du domaine casuel.

Mais quand les Rois avaient joui pendant dix années d'objets compris en ce dernier domaine , alors ces portions de domaine casuel passaient de droit dans le domaine fixe , et devenaient *immuables.*

Si donc on considère les biens confisqués sur les émigrés comme ayant été réunis au domaine de la couronne , cette réunion ayant été opérée depuis vingt années , et les Gouvernemens successifs qui représentaient le Souverain en ayant joui pendant plus de dix années , il y a nécessité de conclure que ces biens font depuis long - temps partie du domaine fixe de l'État, qu'ils sont devenus *immuables ,* et que Buonaparte n'a pu disposer à titre de donation , en faveur de qui

que ce fût, d'aucune propriété de cette na‑
ture.

Si on applique à ces biens les lois qui en
réglaient le mode d'aliénation, il n'y a nul
doute qu'il ne pouvait en être disposé que par
des ventes régulièrement faites, aux enchères
publiques, de la manière et dans les formes
établies par ces mêmes lois.

Ainsi toutes aliénations, toutes ventes illé‑
gales de ces biens, toutes transmissions à un
titre quelconque que Buonaparte en a pu
faire, doivent être considérées comme nulles
et de nul effet.

Le chef du Gouvernement pouvait peut‑
être, en faisant cesser l'effet de la confiscation
primitive, ordonner la restitution des biens
confisqués : encore serait-il juste de dire que
l'intervention de la puissance législative était
nécessaire pour opérer légalement cette resti‑
tution ; et ce principe est si vrai, qu'au mo‑
ment où nous écrivons, le Souverain légitime
n'a pas cru pouvoir la prononcer de sa pleine
puissance et autorité royale.

Mais Buonaparte, en remettant au fils ou

au gendre le patrimoine du père vivant, n'a pas opéré une *restitution*.

Le mot et la chose supposent nécessairement une possession préexistante, et on ne peut restituer qu'à celui qui était propriétaire et qui a été dessaisi, ou s'il n'existe plus, qu'à ses héritiers légitimes, à ses véritables représentans.

Au surplus, il importait peu à Buonaparte que les actes émanés de sa puissance fussent conformes aux dispositions des lois et aux principes de la justice, pourvu qu'il servissent à affermir et à consolider son usurpation.

C'est dans ce dessein qu'il répandait sur tous ceux qui, de près ou de loin, entouraient son trône, ses honteuses largesses, ses indignes libéralités : il les attachait à son sort, non par des bienfaits, mais par la complicité de ses déprédations; et quand il les couvrait de dépouilles étrangères ou de celles de leurs proches, c'était pour les mettre dans la nécessité de défendre à la fois et son trône et ces dépouilles, qu'un retour à l'ordre et au souverain légitime ne pouvait manquer de leur ravir.

La Chambre des Pairs reconnaîtra sans doute la vérité des principes qui viennent d'être développés.

C'est aux Membres de cette Chambre, principaux appuis du trône, et premiers gardiens de la charte constitutionelle, qn'il appartient de faire triompher ces mêmes principes.

C'est en vain qu'on s'efforcera de faire prévaloir de petits intérêts, qu'on demandera au nom de la tranquillité publique le maintien des actes arbitraires et illégaux qui ont été signalés.

La tranquillité publique ne peut être troublée que par la violation des principes et par la continuation des outrages faits au droit de propriété et aux lois de la nature elle-même.

On attend avec confiance de la juste impartialité de la Chambre qu'elle voudra bien faire disparaître de l'article premier du projet de loi ces mots substitués par la Chambre des Députés au texte du projet primitif : *ou des actes du Gouvernement relatifs à l'émigration*, et que, par un article additionnel en forme d'amendement, *elle annulera l'effet des mises en possession et donations faites par le gouvernement impérial, en tant que ces mises en possession et donations s'appliqueraient à d'autres qu'aux anciens et légitimes propriétaires des biens remis et concédés.*

IIe. PARTIE.

Restitution des Actions des Canaux.

Art. X *du projet de loi.*

Les canaux d'Orléans, de Loing et du Languedoc appartenaient, savoir : les deux premiers à la maison d'Orléans, et le troisième à la famille Riquet de Caraman.

Compris dans la confiscation prononcée par la loi du 23 juillet 1792, ils ont fait, depuis cette époque, partie du domaine de l'Etat, et ont été régis au compte du trésor public jusqu'à l'exécution de la loi du 23 décembre 1808.

Cette loi autorisa la vente des canaux. Buonaparte en fit l'acquisition pour les réunir

à son domaine extraordinaire ; et le contrat
d'aliénation réalisé sans enchères publiques ,
mais de gré à gré entre le Ministre de l'intérieur , le Directeur de la caisse d'amortisse-
ment et l'Intendant du domaine extraordinaire , fixa le prix des canaux d'Orléans et de
Loing à 14 millions , et de celui du Languedoc à 10 millions.

La propriété de ces trois canaux fut ensuite
convertie en deux mille quatre cent actions
de 10 mille francs , ayant chacune droit à
une portion de dividende annuel , basée sur
le produit des canaux.

L'article 10 du projet de loi ordonne la
restitution au profit de S. A. S. Monseigneur
le duc d'Orléans et de M. de Caraman , de
ces actions ; savoir : « de celles affectées aux
» dépenses de la Légion d'honneur , à l'é-
» poque où ces actions cesseraient d'être em-
» ployées aux mêmes dépenses ; de celles se
» trouvant actuellement dans les mains du
» Gouvernement , aussitôt que la demande
« en serait faite par les ayans droit , et de
» celles enfin dont le Gouvernement aurait
» disposé , soit que la délivrance en ait été

» effectuée , soit qu'elle ne l'ait pas été , lors-
» qu'elles rentreraient dans ses mains par
» l'effet du droit de retour stipulé dans les
» actes d'aliénation. »

Avant de débattre ces dispositions du projet
de loi , on va présenter ici le tableau des
destinations données par Buonaparte aux 2400
actions des canaux ; tableau qui différera de
celui présenté par M. Bédoch dans son
rapport à la Chambre des Députés , mais
dont le rédacteur du présent Mémoire ga-
rantit l'exactitude.

Canaux d'Orléans et de Loing.

Les 1400 actions représentant la propriété
des canaux d'Orléans et de Loing avaient
été , à l'époque de la création , réparties de
la manière suivante :

300 pour la continuation et l'achèvement
des travaux du Louvre ;

100 ajoutées à la dotation de la Légion
d'honneur;

600 destinées à des soldats ou sous-officiers
amputés , à titre de dotations, réver-

sibles en cas d'extinction de leur descendance masculine et féminine.

400 pour donner à de Grands Dignitaires ,
  Ministres , Secrétaires et Conseillers
  d'État, aussi à titre de dotations, réversibles en cas d'extinction de leur
  descendance masculine seulement.

1400

Les 100 actions ajoutées à la dotation de
la Légion d'honneur ont reçu leur destination.. 100.

Sur les trois cents destinées aux travaux du Louvre, il a été disposé de
120 par ventes et dons , sans droit de
retour , savoir :

30 actions vendues........... 30.
60 données à un mineur Woroski , fils naturel de Buonaparte.................... 60.
10 données au mineur Léon ,
  autre fils naturel de Buona-
  parte...................... 10.   120.
20 données à l'épouse du gé-
  néral Bertrand............. 20.

180 des mêmes actions restent disponibles , et peuvent être rendues au Duc d'Orléans.................... 180.

Les 600 actions destinées aux militaires amputés , paraissent avoir reçu leur destination................. 600.

Les 400 actions affectées à la dotation des Grands Dignitaires et autres , ont été données , savoir :

100 à la Princesse Borghèse pour servir à sa dotation en qualité de duchesse de Guastalla ; 100 au Maréchal Massena pour la dotation de sa principauté d'Esling , et les 200 autres à divers Grands Dignitaires , Ministres et Conseillers qu'on s'abstiendra de nommer ici , parce que si plusieurs d'entre eux ont mérité, par les services rendus à l'État, la faveur d'un tel apanage , les autres n'ont pas le droit de se placer sur la même ligne , et de revendiquer la même portion de reconnaissance nationale................. 400.

Total égal.......... 1400.

Canal du Languedoc.

Les 1000 actions représentant la propriété du canal du Languedoc avaient été , lors de la création , réparties de la manière suivante :

400	aux enfans des militaires tués à Austerlitz et à des militaires amputés.....	400
100	pour la principauté d'Esling......	100
100	pour le duché de Guastalla........	100
100	pour la Légion d'honneur........	100
100	pour l'achèvement du Louvre.....	100
200	données à des ministres et conseillers d'État......................	200

1000

La destination des 100 actions affectées aux travaux du Louvre a été changée.

30 actions ont été acquises par la compagnie des actionnaires ;

32 données à divers particuliers ;

38 sont dans les mains du Gouvernement.

100.

On ne peut fixer avec précision quelle quantité d'actions reste aujourd'hui libre, et se trouve dans le cas d'être rendue à MM. d'Orléans et de Caraman, car il n'est pas certain qu'il ait été disposé de la totalité des actions réservées aux grands dignitaires et ministres d'État.

Il existe, par exemple, un décret de dotation de 40 actions en faveur de M. Lacuée, comte de Cessac, et de feu M. Regnier, duc de Massa, à prendre sur les canaux, sans que les canaux d'Orléans et de Loing soient plus particulièrement indiqués que celui du Languedoc ; en telle sorte que si ce décret devait recevoir son exécution, il serait juste d'imputer la prise de ces 40 actions sur les canaux d'Orléans et de Loing, dans le rapport de 14 à 10, et sur le canal du Languedoc, dans le rapport de 10 à 14. (1)

Il était nécessaire d'offrir ce tableau de situation de propriété des canaux d'Orléans,

---

(1) Les canaux d'Orléans et de Loing supporteraient un prélèvement de 23 actions 1/3, et celui du Languedoc de 16 actions 2/3.

de Loing et du Languedoc, avant de se livrer à l'examen et à la critique [de l'article 10 du projet de loi.

Les Rédacteurs du projet et les Membres de la Chambre des Députés ne se sont pas dissimulé que presque toutes les dispositions de la loi proposée étaient destinées à couvrir et à consacrer des actes de spoliation et d'iniquité, en faveur desquels militaient seulement une possession déjà longue et l'intérêt de la tranquillité publique.

C'est d'après ces principes, qu'on peut appeler secondaires, que perdant en quelque sorte de vue les premiers principes de la justice et les droits sacrés de la propriété, ils ont consolidé entre les mains des détempteurs les acquisitions de domaines nationaux de toute origine, sur lesquelles, au surplus, un laps de vingt-cinq années avait déjà apposé le cachet de la prescription.

Les motifs qui ont dicté au Monarque et aux Membres de la Représentation nationale l'adoption de semblables mesures, sont trop purs et trop sages pour que l'immense majorité des Français ne s'empresse d'y applaudir.

Mais les mêmes motifs existaient-ils pour consacrer l'aliénation des canaux d'Orléans, de Loing et du Languedoc !

Cette aliénation avait-elle été revêtue des formes légales, ou le vice et l'irrégularité du titre avaient-ils été couverts par la faveur de la possession ?

Le prix de la vente avait-il été versé dans les coffres du trésor public ?

N'y avait-il aucun moyen de désintéresser les porteurs d'actions, sans froisser autant les anciens propriétaires ?

Toutes les réponses à ces questions seront autant d'argumens contre le projet de loi.

Les ventes de domaines nationaux, sanctionnées par la déclaration de Saint-Ouen et par la charte constitutionelle, se reportent, soit par la réalisation, soit par les lois qui les ont ordonnées, à une époque de plus de 20 années.

Les divers Gouvernemens qui ont régi la France les ont successivement ratifiées.

Les immeubles, objets de ces ventes, ont

passé entre les mains d'un nombre infini de possesseurs : il n'est pas en France un individu qui n'y puisse réclamer soit une portion de propriété, soit un droit acquis à un titre quelconque, puisque ces domaines forment le gage des épouses, des pupilles, de l'État lui-même, et sont frappés d'hypothèques légales, conventionnelles et judiciaires.

Tout se réunissait donc pour déterminer l'autorité à respecter ces aliénations, et à ne point porter le trouble dans la société et les familles par des actes de dépossessions qui, justes suivant la rigueur des principes, eussent été injustes dans leurs conséquences, et funestes peut-être dans leurs résultats.

Il n'en est point de même de la propriété des canaux d'Orléans, de Loing et du Languedoc.

Ces canaux, confisqués sur la maison d'Orléans et la famille de Caraman, étaient restés dans les mains de l'État depuis la confiscation jusqu'en 1808, époque à laquelle il plut à Buonaparte de les réunir à son domaine extraordinaire.

Il en fit ordonner la vente par une loi pré-
citée du 23 décembre 1808. Cette vente fut
consommée, si l'on peut appeler vente un
contrat amiable consenti par le Ministre de
l'intérieur à l'intendant du domaine extraordinaire, moyennant un prix fixé à 24 millions, sans que cette prétendue vente ait été
précédée d'estimation, d'affiches et d'enchères,
sans qu'il soit même constant et avéré que la
somme de 19 millions énoncée au contrat
comme payée à compte sur les 24 millions,
ait été effectivement fournie et délivrée par
l'intendant du domaine.

On s'appesantirait moins sur cette moderne
spoliation, si la propriété des canaux, réunie
au domaine extraordinaire, avait reçu la
louable et glorieuse destination à laquelle cette
réunion semblait l'appeler.

Mais, à l'exception de douze cents actions
environ qui servirent de récompense aux braves et de patrimoine à leurs enfans, de quelques autres qui furent appliquées à des services rendus à l'Etat dans la carrière civile, le
reste fut le prix de l'intrigue, de la flatterie,

de plus d'une faiblesse et des lâches complai-
sances.

C'est ainsi que le mineur Woroski et le
mineur Léon figurent pour 70 actions sur la
liste des donataires , et la princesse Borghèse
pour deux cents.

Ne peut-on , par exemple , demander à cette
dernière , qui envahit à elle seule un capital
de 2 millions , à quels titres elle a acquis une
si riche dotation , et à quels titres elle la con-
serverait, lorsqu'elle se trouve comprise dans
l'indemnité annuelle de six millions , stipulée
par le traité du 12 avril en faveur de Buonaparte et de sa famille ?

Dira-t-on qu'aux termes du même traité, les
membres de cette famille ont dû conserver
leurs propriétés particulières ?

Cela est vrai : mais il est également vrai
qu'on n'est propriétaire que de ce qu'on a
acheté et payé, ou de ce qui a été légalement
transmis , soit par succession , soit par une
donation régulière.

Or, à prendre les choses sur le pied où
Buonaparte lui-même les avait établies , le

domaine extraordinaire auquel avaient été réunis les canaux, était destiné à récompenser les grands services rendus à l'État.

Par quels éminens services la princesse Borghèse a-t-elle pu mériter une dotation de deux millions ?

Si c'est comme membre de la famille impériale et comme duchesse de Guastalla, (et ce ne peut être en aucune autre qualité, puisque le titre de dotation l'exprime ainsi), tout a été fixé et réglé pour elle par le traité du 12 avril; et, au moyen du paiement annuel de six millions, l'État est quitte envers la famille Buonaparte, et dégagé de toutes autres charges.

Les 70 actions données aux mineurs Léon et Woroski rentrent dans la même cathégorie; comme fils naturels de Buonaparte, ces deux individus se trouvent avoir droit à une portion quelconque des mêmes 6 millions, et les 70 actions dont ils sont concessionnaires, sans en avoir fourni valeur, doivent nécessairement rentrer au duc d'Orléans, auquel on ne peut imposer la charge de pensionner les bâtards de l'ex-empereur.

Ainsi , et d'après la destination donnée au domaine extraordinaire par les statuts de Buonaparte , et en se réglant sur les principes qu'il avait fait consacrer lui-même par le sénatus - consulte organique de ce domaine , c'est sans aucun motif légitime , sans aucun titre réel que la princesse Borghèse et les mineurs Léon et Woroski ont été investis de 270 actions sur les canaux de navigation ; et ils ne doivent cette dotation qu'à leurs qualités de sœur et de fils de Buonaparte ; mais ces mêmes qualités leur donnant incontestablement le droit de prendre part à la pension de 6 millions stipulée au traité du 12 avril , ils ne peuvent retenir les 270 actions , dont la valeur est remplacée dans leurs mains par la portion à eux afférente dans les 6 millions d'apanage , et ces actions doivent être restituées dès à présent aux légitimes propriétaires.

On ne peut opposer les mêmes compensations aux Dignitaires , Ministres et Conseillers d'État qui ont été dotés sur les canaux ; et en outre ces dotations n'ont pas été faites, comme celles de la princesse Borghèse et des mineurs Léon et Woroski , par une exception à la destination du domaine extraordinaire.

Pour annuler les droits de ces donataires, il faudrait remonter à l'aliénation des canaux, et examiner si Buonaparte a pu les réunir au domaine extraordinaire de sa couronne, si la loi du 23 décembre 1808, qui en a ordonné la vente, a reçu une exécution légale, si le prix de l'aliénation a été versé dans le trésor public, etc., etc.

Mais une telle discussion, quoique appuyée sur les principes de la plus sévère justice, blesserait sans doute trop d'intérêts.

Les mesures qu'on serait nécessairement amené à proposer bouleverseraient plus d'une fortune particulière, arracheraient sans distinction et la juste récompense des services rendus à l'État, et le prix de l'intrigue et de la faveur, et l'on pourrait s'écrier avec vérité : *Summum jus, summa injuria.*

Il serait donc plus sage, plus conforme aux ménagemens commandés par les circonstances, d'adopter un parti mixte qui conciliât autant que possible tous les intérêts.

Ces actions n'excèdent pas le nombre de 400 : ce serait une faible charge pour le

Trésor public que la conversion de ce capital de 4 millions en deux cent mille francs de rentes sur le grand-livre, qui remplaceraient entre les mains des donataires les 400 actions des canaux dont on ordonnerait la restitntion.

Cette rente de 200,000 fr. ne serait pas payée à perpétuité par le Trésor, puisqu'en vertu du droit de retour stipulé dans les actes d'aliénation, chaque portion de rente devrait retourner au domaine de l'État, de la même manière qu'y seraient retournées les actions des canaux.

Quand il s'agit de faire un acte éclatant de justice et d'indemniser des familles dépouillées par l'effet des mesures révolutionnaires, et dont l'une se place sur les premiers degrés du trône, la Chambre des Pairs ne sera pas arrêtée sans doute par des considérations d'un médiocre intérét et d'une économie trop sévère.

Les raisons qui militent pour le maintien et le remplacement des donations faites aux fonctionnaires civils, prennent un caractère plus grave, plus imposant, plus sacré, quand on les applique aux actions qui servent de récompense et de patrimoine à tant de braves soldats qui les ont payées du prix de leur sang versé sur le champ de bataille, qui ont fondé ces glorieux héritages à leurs enfans, aux dépens même de leur existence.

Si la Chambre des Pairs adopte le principe d'une entière restitution, elle s'empressera sans doute d'ordonner le remplacement de ces honorables dotations par des rèntes inscrites au grand livre de la dette publique.

Mais si, conservant les dispositions relatives du projet de loi, elle juge convenable de maintenir la destination des actions accordées pour services militaires, il est tout simple de penser que cette mesure aura été prévenue par les vœux des anciens propriétaires des canaux qui s'estimeront heureux de se trouver ainsi chargés d'acquitter envers les braves la dette de la reconnaissance nationale.

Dans ce cas, une idée que la Chambre accueillera sans doute, serait d'autoriser, par une disposition de la loi, les anciens propriétaires des canaux et les porteurs d'actions militaires à traiter du remplacement de ces actions de gré à gré, et sous l'approbation du Roi.

Une pareille stipulation convient aux intérêts de tous, et remplit une lacune importante du Sénatus-Consulte organique du domaine extraordinaire.

On doit croire que c'était par une simple imprévoyance que Buonaparte avait substitué à perpétuité de médiocres dotations d'une ou de deux actions sur des têtes qui ne possédaient aucune autre fortune. Les morcellemens que ces dotations devaient éprouver à l'infini par la multiplication des ayans droit, rendaient ces faveurs accordées au chef de la famille nulles et sans valeur pour ses descendans, tandis que le remboursement du prix d'une seule action peut devenir, soit entre les mains du premier titulaire, soit entre celles de ses héritiers, le fond d'un établissement de convenance, et leur offrir une ressource plus appropriée à leur position et à leurs besoins.

Ainsi MM. d'Orléans et de Caraman ne reprendraient la propriété de leurs canaux que grevée des dotations militaires , sauf à traiter de gré à gré avec les donataires du rachat de leurs actions , et sous le bon plaisir de Sa Majesté.

Par une équitable compensation de ces charges, la Chambre des pairs jugera sans doute convenable d'accorder aux anciens propriétaires le paiement de la somme de cinq millions redue par le domaine extraordinaire sur les 24 millions, prix de la vente des canaux.

Cette restitution est une conséquence des dispositions de l'article 3 du projet de loi. Cette somme de cinq millions est *un terme échu et non payé*, dont la remise est due aux propriétaires dépossédés.

Ce serait dénaturer l'état de la question que de prétendre que cet acte de justice opérerait tout à la fois, entre les mains des anciens propriétaires, la remise *de la chose et du prix* (1).

---

(1) Cette opinion a été énoncée à la Chambre des Députés.

Si *la chose* était entièrement rendue , nul doute que les propriétaires réintégrés n'eussent droit à aucune portion du *prix* ; mais il s'en faut de beaucoup que les dispositions du projet de loi et les amendemens qu'on sollicite fassent rentrer aux maisons d'Orléans et de Caraman la totalité des actions représentant la propriété des canaux.

1400 actions au moins auront reçu une destination irrévocable ; car les chances offertes par le droit de retour sont tellement éloignées et incertaines, que les maisons d'Orléans et de Caraman seront probablement éteintes elles-mêmes avant qu'elles aient pu profiter du bénéfice total de ces chances (1).

Or ce paiement de 5 millions serait, par une espèce de ventilation, la représentation du prix du dividende énorme attaché à ces 1400 actions, de la valeur foncière de ces

___

(1) 400 actions données aux enfans des militaires tués à Austerlitz ;

600 aux soldats et sous-officiers amputés.

Le retour de ces actions n'aurait lieu

actions elles-mêmes, dont il n'est pas permis d'entrevoir le retour, ou des capitaux considérables à débourser pour en opérer le rachat.

La Chambre des Pairs prendra sans doute en considération particulière les observations qui viennent d'être développées, et dans l'esprit de sagesse et de justice qui distingue éminemment cette auguste assemblée, elle s'empressera de rattacher les dispositions du projet de loi au maintien des principes et au respect du droit de propriété.

Ce but si important serait rempli si la Chambre des Pairs ordonnait par un amendement au projet :

---

d'autre part ,

1000 qu'en cas d'extinction de toute descendance masculine et féminine.

200 au maréchal Massena, dont le retour n'aurait lieu qu'en cas d'extinction de descendance masculine.

200 A la Légion d'honneur, réversibles après l'extinction des Légionnaires pensionnés.

6o Vendues, sans aucun droit de retour.

1460.

« *Que les actions concédées à la princesse*
» *Borghèse et aux mineurs Léon et Woroski*
» *seraient immédiatement rendues ; que*
» *celles données aux fonctionnaires civils le*
» *seraient aussi, aussitôt le remplacement*
» *de ces dernières, à charge de l'État, par*
» *un capital équivalent inscrit sur le grand-*
» *livre au profit des donataires, et que la*
» *somme de 5 millions redue sur le prix des*
» *canaux serait payée par le domaine extra-*
» *ordinaire aux anciens propriétaires avec*
» *les intérêts de droit ; auxquels remplace-*
» *ment et paiement il serait pourvu dans le*
» *budget de 1816. »*

« *Qu'à l'égard des dotations militaires, il*
» *serait accordé aux porteurs d'actions et*
» *aux anciens propriétaires la faculté d'en*
» *traiter de gré à gré, à charge d'obtenir*
» *pour chaque traité l'agrément et l'approba-*
» *tion du ROI. »*

De l'Imprimerie de NOUZOU, rue de Cléry, N°. 9.